Mireille d'Allancé, geboren 1958 in Chamalières, Zentralfrankreich,
verbrachte ihre Kindheit in Karlsruhe
und studierte später Bildhauerei in Straßburg.
Nach jahrelangem Zeichenunterricht entdeckte sie
ihre Begeisterung für – eigene – Kinder
und begann Bilderbücher zu illustrieren,
von denen im Moritz Verlag bisher erschienen sind:

Papa hat zu tun
Und ich?
Ein Weihnachtsbaum für Tatzelbär
Ein Schäfchen, zwei Schäfchen, drei Schäfchen
Robbi regt sich auf
Robbi und das neue Buch

Aus dem Französischen von Markus Weber

© 2002 Moritz Verlag, Frankfurt am Main
Alle deutschsprachigen Rechte vorbehalten
Die französische Originalausgabe erschien 2001
unter dem Titel *Non, non et non!*
© 2001 l'école des loisirs, Paris
Druck: Aubin Imprimeurs, Poitiers
Printed in France
ISBN 3 89565 130 3

Mireille d'Allancé

»Nein!«, sagt Julius

Moritz Verlag

Frankfurt am Main

Heute kommt Julius in den Kindergarten.
Zum allerersten Mal!
»Du wirst sehen«, sagt seine Mama zu ihm,
»im Kindergarten wird es dir gefallen!«

»Schau, hier kannst du
deine Jacke hinhängen.
Gibst du sie mir?«

»Nein!«, sagt Julius.

»Guten Tag!«, sagt die Erzieherin.
»Du bist also der Julius?«

»Nein!«, sagt Julius.

»Also«, sagt Mama, »Sei schön brav.
Heute Mittag hol ich dich wieder ab.
Gibst du mir noch einen Kuss?«

»Nein!«, sagt Julius.

Die Erzieherin stellt Julius
den anderen Kindern vor:
»Kinder, schaut mal:
Das ist Julius.
Wir zeigen ihm jetzt den
Kindergarten.«
»Nein!«, sagt Julius.

»Kannst du Puzzle spielen?«, fragt ihn Johanna.
»Nein!«, sagt Julius.

»Ich glaube, er kann kein Ja sagen«, sagt Johanna.
»Das würde mich sehr wundern«, sagt Ricki. »Pass mal auf …«

»Schau mal, Julius, das ist mein allerletztes Bonbon.
Möchtest du es haben?«

»Nein!«, sagt Julius.

»Was ist denn das für einer?
Der mag keine Bonbons!«

»Bonbons? Wo gibt's Bonbons?«
»Gerade hab ich eines auf die Kiste gelegt –
und jetzt ist es weg.«

»Julius, gib es zu : Du hast es genommen !«

»Nein!«, sagt Julius.

»Also warst du es, Sebastian!«
»Nein!«
»Du, Kevin?«
»Nein!«
»Robert?«
»Nein!«

»Ratet mal, was ich hinterm Rücken habe«,
sagt da die Erzieherin.

»Für jeden ein Bonbon! Los, beeilt euch! Es ist Zeit,
gleich werdet ihr abgeholt!«
Julius' Mutter ist die Erste beim Abholen.
»Hallo, Julius! Ich bin schon wieder da!«

Aber Julius hat nichts gehört.
»He, Julius, kommst du mit mir: Ja oder nein?«